Im Licht des Friedens

Entdeckungen zur Weihnachtszeit

DAS WEIHNACHTSMÖGLICHERWEISE

Möge
der Weihnachtsstern
die Luke finden
in unseren Träumen
und all das vergolden
was wir sagen und sinnen.
Möge sein Licht
in unseren Herzen
Wurzeln schlagen –
vielleicht könnte
eine Geschichte vom Frieden
so beginnen

Isabella Schneider

EGO

Etwas mehr
weniger Ich

ist der Anfang
des Du.

Andreas Noga

UNÜBERSEHBAR

die Botschaft von Weihnachten
Frieden
Engel verkündeten ihn damals
auf Bethlehems Fluren
und heute?
Die Sehnsucht nach Frieden
ist lauter denn je
schreib Frieden an den Himmel
schreib mit Sternengold
unübersehbar
es ist höchste Zeit

Eva-Maria Leiber

GERADE JETZT

Gerade jetzt
an Weihnachten
wenn Gott zum Kind wird
dir und mir vergeben

gerade jetzt
wenn die Liebe
neu geboren wird
den Krieg begraben

gerade jetzt
bereit sein
für den Frieden

Gabriela Paydl

FRIEDENSHERRSCHAFT

Friedefürst –
wo Gott in Liebe zu den Menschen kommt,
sich mit ihnen vereint,
dort ist Friede geschlossen zwischen
Gott und Mensch und zwischen
Mensch und Mensch. [...]
In der Welt herrscht die Gewalt,
dieses Kind ist der Fürst des Friedens.
Wo es ist, dort herrscht Friede.

Dietrich Bonhoeffer

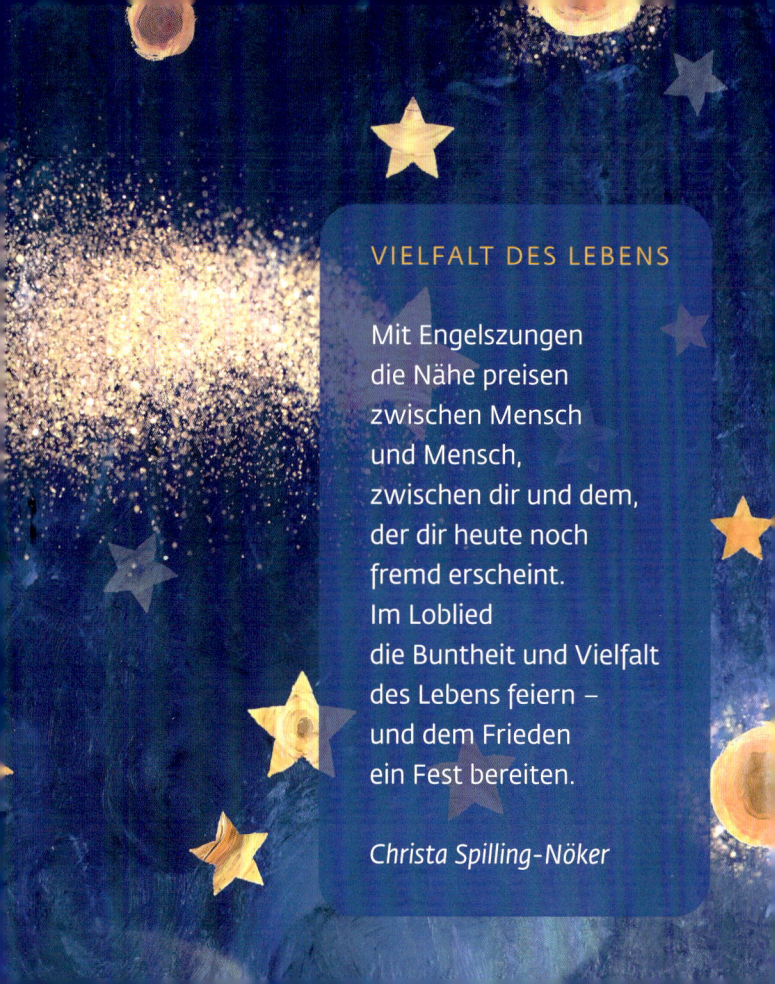

VIELFALT DES LEBENS

Mit Engelszungen
die Nähe preisen
zwischen Mensch
und Mensch,
zwischen dir und dem,
der dir heute noch
fremd erscheint.
Im Loblied
die Buntheit und Vielfalt
des Lebens feiern –
und dem Frieden
ein Fest bereiten.

Christa Spilling-Nöker

WUNDERNACHT

Vielleicht bräuchte es
eine Nacht
wie jene vor langer Zeit,
als das Wunder
einen Namen bekam
und das Licht
sich über all
die offenen Wunden
dieser Welt
zu buchstabieren begann:
Frieden
könnte man daraus
zusammenlesen,
vielleicht auch heute noch –
eine Wundernacht lang.

Isabella Schneider

Der Friede der Welt
beginnt in den Herzen der Menschen.

Karl Jaspers

O SELIGE NACHT

O selige Nacht! In himmlischer Pracht
erscheint auf der Weide ein Bote der Freude
den Hirten, die nächtlich die Herde bewacht.

Wie tröstlich er spricht: O fürchtet euch nicht!
Ihr waret verloren, heut ist euch geboren
der Heiland, der allen das Leben verspricht.

Seht Bethlehem dort, den glücklichen Ort!
Da werdet ihr finden, was wir euch verkünden,
das sehnlich erwartete göttliche Wort.

Christoph Bernhard Verspoel

WEIHNACHTLICH LEBEN

Starke und Schwache
Alte und Junge
Weiße und Schwarze
Gesunde und Kranke
Progressive und Konservative
Sichere und Unsichere
sitzen am gleichen Tisch
reichen einander das Brot
essen miteinander
sprechen miteinander
und versuchen
einander zu verstehen

Max Feigenwinter

FRIEDENSWUNSCH

Was auf meinem Wunschzettel steht:
Eine Lichtmelodie gegen das Dunkel der Nacht
Eine Umarmung gegen den kalten Nordwind
Tannenduft und Kerzenschein
Einen Weg zur verlorenen Erinnerung
An die Stille der Nacht
Als der Engel vom Frieden sang

Ursula Kreutz

WEIHNACHTSTROTZ

Auf die Ohren!
Freut euch, Leute,
gegen alle Dunkelheit!
Ist geboren
hier und heute:
er, der Herr der Herrlichkeit!

Teilt nicht das
Geschrei der Meute,
hört den Klang der Menschlichkeit!
Fallt dem Hass
nicht mehr zur Beute,
Himmel fordert: Friedenszeit!

Hört von dem,
was uns gesungen,
jedem Volk und aller Welt,
unbequem,
von dem durchdrungen,
was uns alle trägt und hält!

Stimmt mit ein
ins Lied der Lieder,
macht erneut das Licht zur Pflicht!
Trotzt dem Schein,
gebt immer wieder
Gottes Güte ein Gesicht!

Jörn Heller

Textnachweis:
Max Feigenwinter: S. 12, aus: ders.: Jeder Tag ist dir geschenkt. Dankbar leben, © Verlag am Eschbach, Verlagsgruppe Patmos in der Schwabenverlag AG 2023. **Jörn Heller**: S. 14f © beim Autor. **Ursula Kreutz**: S. 13 © bei der Autorin. **Eva-Maria Leiber**: S. 4 © bei der Autorin. **Andreas Noga**: S. 3 © beim Autor. **Gabriela Paydl**: U2, S. 5 © bei der Autorin. **Isabella Schneider**: S. 2, 8 © bei der Autorin. **Christa Spilling-Nöker**: S. 7 © bei der Autorin.

Bildnachweis:
iStock: Floriana.
shutterstock: Anna Illustrator, Jolliolly, JORANAL, Julia August, Mirror-Images, Sync Design Solutions, TairA.